Comité de Défense

DES

ENFANTS TRADUITS EN JUSTICE

Des réformes proposées
et des moyens déjà mis en pratique
par le Tribunal de la Seine
pour réprimer
la prostitution des filles mineures de 16 ans.

RAPPORT

Présenté dans la Séance du 5 Février 1896

PAR

M. FERDINAND DREYFUS

Avocat à la Cour de Paris
Membre du Conseil supérieur des Prisons

(Extrait du Journal LE DROIT)

PARIS
SOCIÉTÉ ANONYME DE L'IMPRIMERIE KUGELMANN
12, rue de la Grange-Batelière, 12

1896

Comité de Défense

DES

ENFANTS TRADUITS EN JUSTICE

Des réformes proposées
et des moyens déjà mis en pratique
par le Tribunal de la Seine
pour réprimer
la prostitution des filles mineures de 16 ans.

RAPPORT

Présenté dans la Séance du 5 Février 1896

PAR M. FERDINAND DREYFUS

Avocat à la Cour de Paris,
Membre du Conseil supérieur des Prisons.

I

Votre Comité s'est proposé d'assurer par des moyens pratiques la protection et le relèvement de l'enfance traduite en justice. A ce titre la prostitution des mineures s'imposait à son examen, comme une des questions les plus graves soumises à ses méditations. Cette honte sociale n'est point le monopole de notre pays ; il la partage avec toutes les nations civilisées et les assemblées internationales qui, comme le dernier Congrès de Paris, examinent dans leur ensemble les questions pénitentiaires, ont maintes fois sondé la profondeur de la plaie et cherché à la fermer. C'est surtout dans les villes que le mal sévit, et les moralistes en ont trop souvent indiqué les causes pour qu'il soit utile d'y insister. Les grandes capitales, par leur constitution même et le développement de civilisation dont elles sont à la fois les facteurs et les témoins, sont des milieux propices à l'éclosion et au développement du microbe. Il suffit de signaler comme agents de propagation l'alcoolisme, les multiples tentations du pavé, les séductions du luxe, l'insuffisance de la condition matérielle et civile de la femme, le progrès du proxénétisme occulte ou patent, le développement de la littérature pornographique, les exigences de la grande industrie qui détruisent le foyer, la promiscuité qui résulte souvent de l'encombrement du logis, en un mot l'ensemble des causes sociales, morales et économiques qui relâchent peu à peu le lien familial et laissent ainsi l'enfant livré au hasard de toutes les perversions (1).

S'il n'est point de problème plus douloureux, il n'en est point en même temps de plus complexe.

En principe, on ne peut l'examiner sans toucher aux droits respectifs de la société et à ceux de l'autorité paternelle dont la loi doit réprimer les écarts. Dans l'application — surtout quand il s'agit de Paris — on se heurte aux conflits inévitables entre les attributions de la magistrature chargée d'appliquer les lois et les pouvoirs de la police investie d'une mission de protection sociale, chargée de veiller sur l'hygiène de la rue, et, puisqu'ici l'on peut tout dire, de préserver la santé publique.

Pour résoudre des questions aussi délicates, il n'est donc pas inutile de faire appel à la fois à la collaboration des magistrats, des administrateurs, des criminalistes et des médecins qui nous entourent.

---

(1) Voir le très intéressant opuscule de M. Marc Reville : *La prostitution des mineures selon la loi pénale.*

Au premier rang de ceux qui ont consacré leurs efforts à cette réforme, votre rapporteur doit rendre hommage à deux des membres que le Comité s'honore de compter dans ses rangs.

Notre secrétaire général, M. Guillot, est arrivé à force de patience et de sagacité à établir, entre le Parquet, l'Instruction et la Préfecture de police, une série de relations régulières dont l'objet est de diminuer au profit des mineures saisies en état habituel de prostitution publique, — alors qu'on peut relever contre elles le délit de vagabondage, — la dose d'arbitraire, — peut-être indispensable, — que l'administration de la police exerce actuellement avec une indéniable modération.

A côté de lui, un de nos collègues, qui poursuit avec un infatigable dévouement sa courageuse mission, M. Bérenger, a saisi le Sénat d'une vaste proposition de réforme législative.

Ce double effort s'inspire du même esprit et concourt au même résultat.

Il est assez difficile — la suite de cette étude le montrera suffisamment — d'examiner la question qui nous est soumise, sans toucher au grand débat toujours ouvert sur la répression de la prostitution publique au moyen d'une législation nouvelle ou sur le maintien de la réglementation administrative actuellement en vigueur.

Votre rapporteur, d'accord avec votre bureau, a cherché autant que possible à se garder d'une extension aussi périlleuse et il a pensé que le débat se suffirait à lui-même, s'il était limité à la comparaison des moyens pratiques déjà mis en usage et des moyens nouveaux proposés pour prévenir ou réprimer la prostitution des mineures.

II

Avant de procéder à cet examen, le Comité prendra peut-être quelque intérêt à la communication des chiffres statistiques que je dois à l'obligeance de M. Honorat, chef de la 1re division de la Préfecture de police et de M. Wilt, chef du 2e bureau.

Le chiffre des filles mineures (il s'agit ici des filles mineures de vingt et un ans) arrêtées pour prostitution clandestine au cours des cinq dernières années 1891 à 1895 (1895 étant compté pour dix mois seulement) a été respectivement de :

1,856 — 862 — 1,561 — 1,405 — 1,296.

Sur ce total, aucune fille mineure de dix-huit ans n'a été inscrite sur sa demande. C'est là une règle absolue dont la Préfecture n'entend pas se départir. Sur les filles de dix-huit à vingt et un ans le chiffre des inscriptions a été de :

246 — 129 — 275 — 324 — 238.

J'ai demandé qu'on voulût bien m'indiquer ce que devenaient les malheureuses arrêtées. Six solutions, en effet, sont possibles : 1° envoi à l'infirmerie de Saint-Lazare; 2° envoi à Nanterre pour les filles de seize à dix-huit ans pendant une durée de quinze jours à six semaines ; 3° envoi dans les refuges privés ; 4° mise en liberté; 5° renvoi devant le Tribunal correctionnel ou à l'instruction sous la prévention de vagabondage ; 6° rentrée dans la famille.

Les chiffres des cinq dernières années sont, pour la

1re catégorie de :	605	456	702	610	580
Pour la 2e de :	103	24	44	153	170
Pour la 3e de :	92	46	50	76	47
Pour la 4e de :	220	184	362	416	441

Pour la 5e, qui nous intéresse particulièrement, pendant les trois dernières années :

			37	60	80
Pour la 6e de :	600	457	696	601	458

Ces chiffres ne concernent, bien entendu, que Paris. Ceux de nos collègues qui voudraient les compléter par des renseignements sur la province, pourront se reporter soit à l'enquête faite par M. le sénateur Théophile Roussel, soit au projet présenté à la Chambre des députés par M. Georges Berry en 1894 (n° 1013).

III

En soumettant sa proposition de loi au Sénat, l'honorable M. Bérenger a été guidé, suivant sa coutume, par des idés de haute moralité. Sous sa forme primitive, cette proposition tentait d'atteindre la liberté laissée à la prostitution de se répandre sur la voie publique et l'outrage public aux bonnes mœurs, quelle que soit la forme sous laquelle il se produit.

Les moyens employés consistaient :

1° A confier aux Tribunaux la répression des provocations de la rue laissée jusqu'ici à l'administration ;

2° A créer des pénalités nouvelles contre ces provocateurs, exploiteurs ou complices de la prostitution d'autrui, c'est-à-dire contre les souteneurs insuffisamment atteints par la loi de 1885 et par l'article 334 du Code pénal, ainsi que contre les embaucheurs, hôteliers, logeurs ou débitants qui favorisent la prostitution ;

3° A supprimer, pour les mineures trouvées en état habituel de prostitution, le régime des punitions administratives et à le remplacer par des mesures de préservation qui permettent de les arracher pendant leur minorité au désordre de leur vie et de tenter au moins leur réforme ;

4° A fortifier la loi du 2 août 1882 sur les écrits contraires aux bonnes mœurs par une détermination plus précise du délit et par l'extension des peines qu'elle prononce à des faits qu'elle n'a pas prévus.

Le projet sorti des délibérations du Sénat est moins complet que celui qui avait été primitivement conçu par son auteur.

Toutes les dispositions relatives à la répression du racolage, à l'institution d'une compétence judiciaire pour la punition des faits de prostitution, aux peines nouvelles à édicter contre les logeurs en garni ont disparu.

Le projet tel qu'il est soumis à la Chambre des députés comprend encore des dispositions :

1° Sur la répression des souteneurs ;

2° Sur les mesures de protection à prendre en faveur des mineurs (art. 2) ;

3° Sur les pénalités contre les cabaretiers ou débitants qui facilitent la prostitution dans leurs établissements (art. 3 et 4) ;

4° Sur l'embauchage par violence ou par fraude pour la prostitution (art. 5) ;

5° Sur la répression des outrages aux bonnes mœurs par la voie de la presse ;

6° Sur l'application des circonstances aggravantes qui porte les peines au double quand le délit a été commis à l'égard des mineurs de l'un ou l'autre sexe.

Le Comité de défense n'est ni une conférence de droit ni une académie. Son domaine, assez étendu, est circonscrit à l'examen des questions qui intéressent l'enfant traduit en justice. S'il avait à se prononcer sur l'ensemble des dispositions de ce projet, il ne pourrait que se montrer favorable à l'idée maîtresse qui l'a inspiré : la propreté morale de la rue, la protection de l'enfance contre les exhibitions et les excitations licencieuses qui lui sont données en spectacle.

Il ne peut également qu'approuver l'article 3 qui punit d'un emprisonnement de trois mois à deux ans tous cafetiers, cabaretiers et autres débitants de boissons qui, après un avertissement dûment notifié, continueront à fournir aux femmes et filles de débauche employées ou non dans leurs établissements, le moyen de s'y livrer à la prostitution. Cet article ne fait que rappeler avec moins d'extension le deuxième paragraphe du vœu rédigé par M. Passez et adopté par le Comité dans sa séance du 5 juillet 1893, qui punissait les logeurs et cabaretiers donnant d'une manière permanente et passagère asile à des mineures de seize ans.

Mais il convient de remarquer que la disposition votée par le Sénat ne s'applique qu'aux cafetiers et cabaretiers et que, contrairement aux intentions de son auteur, les logeurs restent en dehors de la loi nouvelle.

M. le Préfet de police s'est en effet déclaré investi de

pouvoirs suffisants par l'ordonnance de 1778 dont il a vanté la souplesse et l'élasticité. Il trouve, a-t-il dit, dans cette ordonnance un moyen de traquer les tenanciers de maisons mal famées, et il a cité devant le Sénat un hôtelier récalcitrant qui par le jeu de la récidive a eu jusqu'à trois cents jours de prison dans un an.

Nous persistons à penser qu'il n'y a aucune distinction à faire entre les logeurs et les cabaretiers et que le régime de la loi serait préférable à celui de l'ordonnance de 1778.

Outre que cette ordonnance plus que centenaire est une arme un peu ébréchée, on ne saurait oublier qu'elle ne s'applique qu'à Paris et que dans les grandes villes des départements les maires et les parquets se trouvent désarmés en présence des maisons occultes de débauche.

L'article 5 du projet a indirectement pour objet la protection de l'enfance en atteignant et en punissant de six mois à deux ans de prison et de 100 à 2,000 francs d'amende (peines portées au double s'il s'agit de mineurs) l'embauchage par violence on par fraude pour la prostitution. Ce fléau qu'on a appelé du nom peut-être ambitieux de « traite des blanches » a été dénoncé au dernier congrès pénitentiaire de Paris qui, à l'unanimité, s'est prononcé pour la répression exemplaire de ce trafic déshonorant au moyen d'une entente internationale entre les Etats civilisés : mais cette entente doit être précédée de l'inscription d'une peine dans les divers Codes européens. La Suisse a donné l'exemple en introduisant dans son projet de Code pénal un article 104 (1), qui punit de la réclusion quiconque pour en tirer un profit aura excité une femme à se livrer à la débauche ou aura trafiqué d'elle.

« Ce trafic, dit l'auteur de l'exposé des motifs, s'exerce notamment par-dessus les frontières. Il a, un caractère international. La Suisse est sillonnée par les agents des maisons de tolérance étrangères qui

---

(1) Code pénal suisse, traduit par Gautier, page 65, article 104 et exposé des motifs, page 64.

cherchent à amener des filles à leurs fins. La législation actuelle est impuissante contre ces trafiquants de chair humaine : car les dispositions ordinaires sur le proxénétisme sont insuffisantes. Le délit est punissable en Suisse alors même qu'il a été commis à l'étranger contre un étranger.

Le Comité ne peut que donner son adhésion aux mesures analogues qui seront prises par la loi française pour atteindre le proxénétisme tout en attirant l'attention du législateur sur la nécessité de bien préciser le délit.

IV

La disposition capitale du projet, au regard des études qui nous réunissent ici, est l'article 2 ainsi conçu :

« Tout mineur de l'un ou l'autre sexe âgé de moins de dix-huit ans saisi en état habituel de prostitution sera conduit, après instruction ou enquête, devant le Tribunal correctionnel statuant en chambre du conseil, qui ordonnera, suivant les circonstances, sa remise à ses parents, son envoi jusqu'à sa vingtième année dans les conditions prévues par la loi du 5 août 1850, dans tel établissement de correction, d'éducation ou de réforme, ou telle famille honorable qu'il désignera, ou sa remise à l'Assistance publique dans les termes de la loi du 24 juillet 1889. »

Cette disposition diffère à certains égards des vœux émis par le Comité.

Ces vœux, qui ont fait en 1892 l'objet d'intéressantes discussions, se résument en deux sortes de mesures.

Les prostituées mineures doivent, toutes les fois que le fait reproché permet une inculpation de vagabondage ou de mendicité, être traduites devant un juge d'instruction. Celui-ci fait une enquête sur les habitudes de la jeune fille, sur les causes de sa chute, son degré de perversité, la situation morale de sa famille, ses chances de réformation — c'est l'objet du questionnaire si complet et si intéressant adopté par le parquet de la Seine et rédigé par M. Guillot — et suivant les cas la renvoie devant le Tribunal correctionnel, la remet à ses parents ou la confie à une Société de préservation.

C'est le procédé qui avait été recommandé par le Comité, sur la proposition de M. Passez, dans les termes suivants : « Seront considérés comme vagabonds les mineurs de seize ans qui ayant sans autorisation ni cause légitime quitté le domicile légal de leurs parents ou tuteurs, les lieux où ils étaient placés par ceux à l'autorité ou à la direction desquels ils étaient soumis ou confiés, auront été trouvés soit errants, soit logeant en garni, soit n'exerçant aucune profession régulière, soit tirant leurs ressources de la débauche ou de métiers prohibés. »

La jurisprudence, vous le savez, s'est montrée favorable à cette interprétation ; un arrêt de la Cour de Paris du 10 mars 1893 a décidé que la prostitution publique ne saurait procurer à une fille mineure de seize ans des moyens d'existence légaux, et que la corruption et la débauche d'un enfant ne pouvaient lui constituer un moyen de se soustraire à l'obligation d'avoir un domicile certain et de se livrer à un travail régulier dans la limite de ses facultés. Mais toutes les prostituées mineures ne sont pas des vagabondes. En l'absence de tout élément constitutif du délit de vagabondage, cette jurisprudence ne pourra pas s'appliquer. Si l'on ne veut pas rester désarmé à l'égard de toute une catégorie de ces malheureuses, on arrive donc fatalement à la nécessité d'assimiler légalement la prostitution au vagabondage, quand il s'agit de filles mineures.

Sous l'empire de ces idées, et grâce, il faut le dire, à l'heureuse entente établie entre la préfecture de police et le parquet, les jeunes filles mineures de seize ans saisies en état de prostitution sont, *autant que le permettent les circonstances révélées par l'enquête préalable*, envoyées à l'instruction judiciaire, et de là, soit en correction, soit dans une des trop rares œuvres de sauvetage qui consentent à les recueillir.

L'honorable M. Bérenger a vivement critiqué cette jurisprudence.

« Juridiquement, dit-il, l'assimilation entre deux faits ne semble possible que lorsqu'ils ont quelque caractère commun. C'est ainsi que la loi du 26 mars 1891 a pu prononcer l'assimilation de l'abus de confiance et de l'escroquerie au vol. La *detrectatio fraudulosa*, caractère distinctif des délits de cette nature, leur est, en effet, commune. Les moyens de la réaliser seuls diffèrent.

» Mais, si la prostitution n'est accompagnée ni de mendicité, ni d'absence de ressources, de domicile ou de profession, on se demande par quel point elle pourrait se rattacher au vagabondage. Or, il en est le plus souvent ainsi. La jeune prostituée n'a pas, en général, abandonné le domicile de ses parents. Elle n'a pas rompu ouvertement encore avec toute profession et n'est pas, dès lors, absolument sans ressource. C'est en s'échappant pour quelques heures du domicile paternel ou même avec l'aveu et la complicité de ses parents qu'elle court les lieux de débauche. Elle est encore blanchisseuse, couturière, brodeuse. Elle gagne de temps à autre un salaire.

» L'assimilation serait donc le plus souvent arbitraire.

» Une fois adoptée, pourrait-elle, d'ailleurs, être limitée aux seules mineures? Ne serait ce pas une bien grave innovation dans nos lois de déclarer délictueux à leur égard, un fait qui resterait innocent pour les majeures? La logique ne conduirait-elle pas invinciblement à comprendre ces dernières dans les termes de la loi, ce qui serait assurément excessif?

» Une dernière objection naît des conséquences de la mesure. Son effet ne serait-il pas de faire de toutes les mineures des prévenues, de les traduire comme telles devant le Tribunal correctionnel et de les soumettre ainsi à une décision pénale ?

» Nous pensons qu'il y a plus à attendre dans cette délicate matière d'un régime sagement préventif que d'aucun système de répression.

N'importe-t il pas plus ici, en effet, à la morale, à la société elle-même de prévenir et s'il est possible de corriger, que de punir ? »

Les trois objections faites par M. Bérenger à la théorie du Comité se résument ainsi :

a) Caractère arbitraire de l'assimilation proposée.

b) Caractère illogique d'une disposition légale qui constituerait un délit pour les mineures alors que le fait relevé n'en est pas un pour les majeures.

c) Inconvénients d'une comparution devant le Tribunal correctionnel.

A examiner la question en juriste, ces objections sont loin d'être sans portée ; mais elles se retrouvent, chaque fois qu'il s'agit d'examiner des enfants qui, à raison de certains faits, doivent être soumis à une action judiciaire.

L'école nouvelle, qui étudie ces questions et dont vous êtes les représentants, tend à introduire une dose de plus en plus grande d'humanité dans les questions relatives à l'enfance dite coupable. A vrai dire, l'ensemble des mesures que vous avez adoptées conduit à une législation spéciale appliquée par des juges spéciaux éclairés au moyen d'une information qui, tout en permettant un examen complet de la situation morale de l'enfant, n'aurait rien d'une instruction judiciaire. Quand il s'agit de mineurs, l'idée de répression s'efface de plus en plus devant l'idée de protection, l'idée de peine devant l'idée de sauvegarde morale, l'idée de prison devant l'idée d'école de préservation.

L'assimilation de la prostitution au vagabondage peut être regardée comme un expédient. Mais nous ne voyons pas en quoi l'article voté par le Sénat donne plus de satisfaction aux scrupules juridiques. Qu'on le veuille ou non, chaque fois qu'il y a un juge et une mesure préventive de la liberté, il y a une peine et par conséquent un délit présumé ou prouvé. L'article voté par le Sénat donne au juge le choix entre quatre décisions :

Remettre l'inculpé à ses parents ;

L'envoyer dans une maison de correction, étant bien entendu que des établissements spéciaux devront être réservés à cette catégorie de détenus ;

Le confier à des associations ou institutions spéciales d'éducation ou de réforme, ou même à des particuliers dans les conditions de la loi du 5 août 1850 sur les colonies pénitentiaires, c'est-à-dire avec droit de garde, et faculté pour l'administration de mise en libération conditionnelle ;

Le remettre enfin à l'Assistance publique qui en disposera suivant les prescriptions de la loi du 24 juillet 1889.

Deux de ces décisions ont bien le caractère pénal : elles ne peuvent donc intervenir que si la loi a indiqué que le fait auquel s'applique la mesure prise par le Tribunal, a le caractère délictueux. L'envoi en correction ne se conçoit que s'il s'agit de mineurs convaincus, bien qu'acquittés, d'avoir commis sans discernement un délit punissable selon le Code pénal.

C'est là une preuve de plus de la contradiction qui éclate, suivant les expressions de M. Guillot, entre le Code pénal de 1810 et la loi future cherchant en dehors du moule classique la médication la plus efficace.

Que les théoriciens reculent devant cette contradiction, c'est leur affaire.

Ce qui importe, c'est le résultat, c'est-à-dire le sauvetage de l'enfant mineur qu'il faut essayer d'arracher à son milieu, c'est-à-dire aux mauvais exemples, aux influences pernicieuses, à la corruption ambiante, aux tentations de la coquetterie, de la paresse, de l'indiscipline, du gain honteux facilement acquis pour le replacer dans un milieu sain, approprié à l'œuvre de correction et de relèvement que la société a pour devoir d'entreprendre et de poursuivre.

Le sauvetage ne peut être essayé, préparé et accompli qu'au moyen de l'intervention judiciaire. Le premier acte de cette intervention, c'est la comparution de l'enfant devant le juge qui, par une enquête soigneuse et complète, se rend compte des causes de la chute, fait porter ses investigations sur l'état de l'enfant, sur la situation morale et matérielle des parents, sur les chances de relèvement — bien rares, hélas ! — que peut offrir la famille, ou sur le choix de l'école de préservation ou de la maison de placement où l'enfant peut se trouver dans les meilleures conditions de salut moral.

Dans l'état actuel de nos Codes et tant qu'une juridiction spéciale n'aura pas été créée pour statuer sur l'enfance, c'est encore à l'aide des procédés habituels de l'instruction qu'on atteindra le mieux ce résultat.

Cela étant, nous ne voyons aucun inconvénient à substituer à la publicité de l'audience la juridiction de la chambre du Couseil plus discrète et plus familiale que le grand jour de l'audience publique. C'est à une solution analogue que s'est arrêtée la commission de revision du Code pénal, quand elle a organisé la juridiction chargée de statuer sur les mineurs de dix ans. Elle pensait que le juge civil, déjà compétent en matière de correction paternelle, d'interdiction, de nomination de conseil judiciaire, de déchéance paternelle, serait utilement désigné pour s'occuper de ces questions. Juge civil ou juge correctionnel, peu importe. Ce qu'il faut, c'est écarter toute pensée répressive et toute idée de châtiment pénal.

V

La proposition votée par le Sénat propose aussi de porter jusqu'à dix-huit ans l'âge auquel doit s'arrêter le pouvoir administratif de disposer de ces enfants. « Grâce à ces dispositions, disait M. le rapporteur, non seulement le nombre des prostituées se trouvera sans doute sensiblement diminué. Mais il y aura quelque chance de sauver d'une vie de désordre et de rattacher au travail toute une catégorie de malheureuses qui ont été jetées dans le vice et la débauche par des circonstances souvent indépendantes de leur volonté et dans tous les cas plus fortes qu'elles ! » Ces nobles paroles ont été approuvées par M. Trarieux, alors garde des sceanx, bien que la règle proposée ne soit pas, a-t-il dit, en complète harmonie avec les principes généraux du droit. Le Comité ne peut à son tour qu'applaudir à une disposition qui réalise partiellement le vœu émis par lui le 7 juin 1893, de voir se prolonger d'une manière générale jusqu'à l'âge de dix-huit ans accomplis le bénéfice de l'article 66 du Code pénal.

CONCLUSIONS

« Le Comité de défense appelé à examiner de nouveau les moyens en usage à Paris pour atteindre la prostitution des mineurs de seize ans et les mesures proposées aux Chambres à cet effet,

» Donne son entière approbation aux intentions généreuses qui ont inspiré la proposition de loi votée par le Sénat sur le rapport de l'honorable M. Bérenger, dans ses séances des 28 et 30 mai, 14 et 22 juin 1895.

» Approuve notamment les dispositions relatives :

» *a*) A la répression de faits commis par ceux qui ont soutenu, aidé ou assisté la prostitution d'autrui sur la voie publique;

» *b*) Aux pénalités encourues par les cabaretiers qui fournissent aux femmes et filles de débauche le moyen de se livrer à la prostitution;

» *c*) A la répression de l'embauchage par violence ou par fraude en vue de la prostitution ;

» Persiste à réclamer, d'accord avec les termes du projet voté, l'extension à dix-huit ans de la minorité pénale ;

» En ce qui touche les mesures de protection nécessaires en faveur des mineurs saisis en état habituel de prostitution :

» Le Comité, — éclairé par les résultats des mesures pratiquées à Paris depuis plusieurs années, grâce à l'accord intervenu entre le Parquet, l'Instruction et la Préfecture de police — croit devoir maintenir et recommander à l'attention des pouvoirs publics les vœux émis dans sa séance du 5 juillet 1893 ; c'est-à-dire la nécessité d'assimiler par une disposition légale la prostitution des mineurs au vagabondage et de créer en leur faveur des écoles spéciales de préservation. »

2919. — Société anonyme de l'imprimerie Kugelmann (G. Balitout, directeur),
12, rue de la Grange-Batelière. Paris.